AF468632

UN

AUTRE MINISTRE.

Deux sentimens dominent la France : l'amour du Roi, la haine des ministres. Les ministres ne pèsent-ils plus sur l'esprit? il n'y a qu'amour. Le Roi s'éclipse-t-il un instant dans l'esprit? il n'y a que haine.

(*Un Homme de trop.*)

PARIS,
IMPRIMERIE ANTHELME-BOUCHER,
RUE DES BONS-ENFANS, N° 34.
1827.

Eh! qui donc doit se mettre en colère, si ce n'est le royalisme? Qui donc doit être saisi de

Ces haines vigoureuses..

Qu'a fait le ministre depuis six ans? sinon de lui ravir l'honneur, de pervertir ses mœurs, de le dépouiller de tout ascendant.

Que fait le ministre à cette heure? sinon de se jouer de la couronne, de la livrer à tous les périls, de la condamner à toutes les douleurs.

Qu'il aille recueillir les actions de graces des révolutionnaires, ou qu'il élève des plaintes amères contre une ingratitude dénaturée.

Nul encore n'a aussi bien travaillé dans leur sens; nul n'a amené aussi près de leurs fins, la France.

Un Homme de trop.
La Pairie.
Les Pairs viagers.
Procès de la Pairie.
Une autre Chambre.

« Vainement des ministres maudits du ciel et de la terre étaient souvent tentés de poser la couronne au-devant de leurs fronts inquiets, de retrancher leur existence tremblante sous les remparts du trône, se disant insolemment, dans la turpitude de leurs complots : Ou le trône nous garantira, ou la couronne tombera avec nous.

« De telles manœuvres, devenant d'autant plus hideuses, animaient encore la loyauté, la ferveur.

« Pour le pays de France, c'est de l'histoire ancienne. Les ordres, les états, les parlemens, les villes, le clergé même, ont donné constamment les plus nobles exemples de la résistance aux projets impies des ministres. Partout et toujours, l'opinion, connue en ces temps, sous le nom de l'honneur, s'est fait gloire d'éclairer, de prémunir l'autorité royale contre les abus et les excès commis sous son égide » (*Un homme de trop*).

C'est de l'histoire ancienne, dont les loyales leçons sont si mal entendues de nos jours, qu'il se serait, dit-on, rencontré des gens, pour blâmer un noble duc de s'être détaché de ses collègues et d'avoir tout sacrifié, d'avoir risqué même de déplaire à son auguste maître, dans la vue de sauver sa conscience, de sauver la monarchie peut-être (*Ibid.*).

De nos jours, des maximes monarchiques ont été inventées à nouveau et à rebours, tant il était agréable à des ames avilies, à des caractères rampans, de se dispenser, sous prétexte d'une servile révérence, des actes souvent si périlleux du pur dévouement.

De nos jours, quand même un ministre se montrerait le plus funeste qu'il fût jamais à la sécurité, à la gloire du trône, on ne verra plus, les grands seigneurs, alors puissans sur leurs terres, se retirer, d'un commun accord, parlant hautement par le silence, agissant fortement par l'inertie seule; on ne verra plus les grands corps du clergé, des états, des parlemens, chacun dans ses attributions légales, réitérer les suppliques, les remontrances, les protestations; on ne verra plus la coûr, presque en totalité, tantôt rebuter les faveurs d'une administration perdue, tantôt se presser dans leur exil, autour des ministres disgraciés par l'intrigue.

Car, hélas! l'esprit du siècle, ainsi qu'il est dénommé, esprit de lâcheté, de cupidité, de déloyauté, bien qu'à l'égard de certaines formes politiques, sa tendance naturelle éprouve les plus vives résistances, ne s'est pas moins imprégné de tous les bords, n'a pas moins amolli ou corrompu toutes les consciences, et seul il dicte, il commande, parfois à l'insu du patient, les discours et les actes, les règles même et jusqu'aux scrupules.

On peut en appeler à la confession enfin véridique, que le malheureux, maintenant enivré par des passions honteuses, et pour lors rendu à la liberté d'ame et d'esprit, se fera à lui-même, soit qu'un revers l'ait dépouillé de toute ombre d'espérance, soit que l'ange de la mort apparaisse prêt à éteindre le dernier souffle de vie.

Eh! mais, combien de fois les annales du monde ne nous présentent-elles pas, ici les plus glorieuses couronnes faussées ou brisées, entachées et souillées; là les plus excellens princes dépossédés de l'amour et du respect de leurs peuples, par les suites fatales du système ministériel?

Eh! mais, comment le simple bon sens ne nous enseigne-t-il plus que la religion du Roi est sujette à être surprise, que le mal peut être fait au nom de celui qui ne peut faire mal, que l'état et le trône peuvent être perdus par le fait des ministres, sous le seing de celui qui ne peut vouloir ni la ruine de l'un ni la chute de l'autre.

Parce que des individus ont été jetés, par un coup de vent imprévu, sur les sièges du conseil, seraient-ils donc dûment investis du privilège de compromettre, de risquer, de perdre la monarchie?

Parce qu'ils ont réussi, avec un art détestable, à s'identifier en apparence avec la personne sacrée, se seraient-ils ainsi mis à couvert, à l'abri des reproches du pays?

Avec de telles maximes, soit disant monarchiques, on irait loin, on arriverait vite, là d'où on ne sort plus.

Aussitôt, se montre le despotisme ministériel, joug indigne, ignoble, dont nul ne supporte la honte, si ce n'est qu'il participe aux profits, et qui seulement, à envisager dans le lointain, soudain trouble les têtes, tourne les cœurs : donnant trop de sujets de craindre que les fidèles même, dans leurs efforts inconsidérés pour se dégager de sa chaîne, ne rompent, ou du moins ne relâchent les tutélaires liens, qui de tout temps les attachaient au trône.

Or, qu'avons-nous, qu'aurons-nous? Non pas l'impossible; et l'impossible en France, c'est le despotisme royal.

Mille et mille fois incomparable dynastie! dont les destinées, exposées sans doute à être tranchées par la violence, à être minées par la trahison, du moins sont inviolables, sont irrévocables, en ce point que jamais son sang indigène ne s'altèrera, ne se dénaturera.

Incomparable dynastie! N'est-ce pas du chaos, sinon du néant, qu'autour d'elle, que par elle, s'est créée la patrie.

Qu'était la France lors de l'avènement de la maison régnante? Son domaine! alors resserré sous les étroites limites de la Loire et de la Somme. Et qu'est la France après huit siècles écoulés sous de tels auspices? Sa conquête! maintenant étendue entre trois mers lointaines.

Si jamais un Roi fut en droit de disposer d'un peuple, c'eût été le Roi sans lequel il n'existait pas de peuple; ce serait le Roi sans lequel il n'existerait plus de peuple.

Et voyez, lorsqu'une tempête enleva le chef, comment, pour prévenir la dissolution de l'être social, il a fallu que la terreur, que la tyrannie vinssent le comprimer sous une chaîne d'airain.

Mais le droit, mais le pouvoir ne comptent pas : c'est l'ame qui dicte, qui régit. Si bien que, sauf sous Louis XI peut-être, car il n'est pas permis de porter en ligne l'empire magique de Louis-le-Grand, la France disposée à s'y soumettre, ne vit point s'ériger le despotisme royal.

Il s'agit du despotisme ministériel : il ne s'agit que du despotisme ministériel.

Et qu'on dise : Quel homme prêche pour lui ? Vous répondrez qu'il est salarié par lui. Qu'on dise : Quel être se prosterne aux pieds de l'idole ? Vous répondrez qu'il n'aspire qu'à dérober les trésors enfouis sous l'autel.

Les preuves sont-elles assez frappantes, assez flagrantes, assez poignantes ? Peut-être, il n'y a pas une seule exception.

Point d'argent, point de Suisse : cet adage grossier s'applique dans toute sa vérité, du dernier au premier échelon de la hiérarchie civile.

Un tel aura jeté trois ou quatre fois sa boule passée au blanc ; un tel aura exercé trois ou quatre ans une fonction honorable, ou trois ou quatre mois une sale fonction ; (car dans la justice du cabinet, à rebours de la justice des cieux, la honte essuiée est prisée au décuple de la peine éprouvée.)

Eh bien ! vienne le journal sous les yeux et à défaut, quant à ceux qui ne lisent pas, vienne aux oreilles, l'écho unanime de l'opinion courroucée, on apprendra que la peine a été payée au moins à juste prix, que la honte a été rétribuée au taux le plus usuraire.

Ensuite, qu'on parle de ceux qui, dans les chambres, ou hors des chambres, surmontent la douleur de déplaire en défendant, et la douleur encore plus profonde d'être iniquement accusés d'irrévérence envers l'objet de leur adoration; et la douleur qui n'a pas été qualifiée jusqu'à cette heure, de se rencontrer sur des voies déja foulées et presque encombrées par la malveillance peut-être.

Vous n'aurez point à répondre : l'évidence se charge de porter la parole, disant qu'au moins le plus grand nombre d'entre eux est digne de s'écrier avec un loyal orateur : « Moi qui ai tout perdu par la révolution, et qui n'ai rien gagné à la restauration, etc., etc.

Enfin, qu'on parle de la masse nationale dont un vingtième au plus a déserté ses rangs : ici il y a plus que de l'évidence. Triste masse, constamment dévouée à servir de proie à quelque bande affamée, comment prendrait-elle sa part du banquet, quand c'est du plus pur de son sang, que se repaissent les convives.

Triste masse! Bien qu'on songe peu à respecter ses droits, bien qu'on oublie trop d'apprécier ses forces, on ne peut du moins se refuser à constater ses vœux.

Or, après que les souvenirs d'une époque trop flatteuse, emportés sur les ailes du temps, se fussent évanouis, la nation française était divisée en deux partis.

Il y avait les royalistes, les libéraux, fortement tranchés en couleur, obstinément acharnés dans la lutte.

Passons vite sur le prestige de la guerre d'Espagne, sur la magie de l'avènement d'un roi chevalier et populaire : à peine des siècles ramèneraient cet instant rapide, décisif; instant de volupté, siècles de douleur.

Cependant les temps se lèvent sombres et de plus en plus s'obscurcissent : dans le navire de l'État, balotté de tribord à bas-bord, sous la main du pilote de malheur, les passagers saisis d'épouvante ajournent leurs querelles, baissent de prétentions.

Les royalistes se rapprochent de cette Charte, fille du siècle : les libéraux se rattachent à cette couronne, sœur du temps.

L'incompatibilité diminue, depuis que les masses se sont épurées, au moyen de l'expulsion des ministériels d'une part, et des républicains de l'autre, deux fractions minimes, dont l'influence ne laissait pas que d'être délétère.

En ce jour, le bilan de l'opinion publique s'établit en ces termes :

Les royalistes qui ont accepté la Charte ;

Les libéraux qui se sont soumis au trône ;

Deux partis entre lesquels, l'ascendant de la couronne, le poids de l'habitude, le besoin du repos, l'espoir de l'évènement, font la balance.

Puis en proportion d'un dixième peut-être,

Les ministérialistes, qui ne tiennent même pas à l'être personnel des ministres,

Les républicanistes qui ne tiennent au fantôme dont leur œil est fasciné, qu'autant que les ténèbres sont faites autour d'eux.

Deux fractions dévouées, par leur exiguité même, à tourner en factions;

Entre lesquelles, comme elles sont placées aux points extrêmes, il n'y a de terrain commun pour la réunion, que le tombeau.

On ne doit pas porter celles-ci même pour mémoire, car elles sont nées sous l'ère climatérique du ministère et s'évanouiront à son terme.

Il serait superflu de parler des royalistes. Les libéraux seuls restent.

Il faut analyser : car de même que l'esprit de parti, se complaît à imaginer des masses, dont l'aspect irrite d'autant la passion, et sur lesquelles s'assouvirait mieux, la furie ; de même l'esprit de justice et de sagesse, son antagoniste inné, ne s'occupe qu'à apprécier à part, chaque membre ou du moins chaque section, afin d'exercer une influence immédiate et efficace.

Voici le résultat :

Est-il question du trône abstraitement parlant, du trône en ce qu'il porte le caractère d'une monarchie, tous les libéraux, hors la fraction évacuée de leur sein, le veulent.

Ils en savent autant que nous :

Le roi perdu, la France est perdue, l'Europe est perdue.

Au-dedans on se divise, on se déchire ; et les crises se succèdent, les formes se supplantent. Le sceptre tombe de plus en plus bas, s'abîme enfin et se perd dans la boue : sans que pour le ramasser, pour le relever, un 13 vendémiaire, un 18 brumaire puissent désormais enfanter le sauveur de l'anarchie.

Au-dehors, les cabinets s'émeuvent, et les peuples se troublent : il faut, ou que la révolution rapide comme l'éclair, dévorante comme la foudre, embrase sur l'heure même, tout le continent ; ou que les armées énorgueillies de l'Europe se ruent encore une fois, contre les troupes mal ralliées de la France : lutte fatale dont les succès comme les revers, un peu plus tôt, un peu plus tard, aboutissent à la conflagration générale.

Et sous les coups de la tempête, le sol de la civilisation est dévasté, est nivelé.

Est-il question du trône, sous ce rapport, qu'il doit maintenir l'existence de la noblesse?

Ici un phénomène, un miracle a lieu : soit par l'effet du prestige ou du dédain, qui de même motive les réticences, depuis long-temps et sous la licence la plus effrénée, il n'apparaît point de symptômes d'aversion ou de répugnance à cet égard.

Tout change de face, s'il s'agit du trône considéré dans ses relations obligées avec le sacerdoce.

Jamais on ne vit telle haine, telle rage, telle manie plutôt : dont la contagion, s'il faut le dire, passe et pénètre en quelques rangs royalistes et les entraîne à dévier de leurs voies, à servir, si ce n'est à suivre une bannière jusqu'alors opposée.

Mais comment, le fanatisme anti-catholique, a-t-il pu naître, dans l'ère de l'indifférence religieuse, dans l'ère de la suprématie sensuelle, dans cet *âge d'or*, à beaux deniers comptans.

Voyez seulement si une haine aussi hétéroclyte, ne suit pas en son cours les phases parallèles, de quelque haine politique.

Voyez si ce n'est pas une affection sinistre, inoculée par le cabinet, et repercutée contre l'autel.

« Contre qui s'élèvent les reproches, s'apprêtent les vengeances ? contre la religion. La ruse se couvre de son manteau et la laisse dépouillée, nue, en butte aux outrages » (*Des Journaux*, etc.)

Certes, si le trône est autrement vu sous l'aspect sacerdotal que sous les aspects monarchique et aristocratique, c'est seulement parce que le premier se confond, se perd, sous l'aspect ministériel.

Dieu de nos pères, roi de nos pères, vos droits sont méconnus, vos intérêts sont compromis, il est trop vrai.

Mais d'où vient? De ce qu'un pouvoir usurpateur s'est saisi de votre glaive, qu'il faut à ses adversaires, retourner contre son sein; s'est couvert de votre égide, derrière laquelle il leur faut l'atteindre et l'écraser.

C'est le despotisme ministériel, dont l'aspect ridicule et hideux, en même temps qu'il révolte les ames nobles, pousse et jette au-delà de toute mesure, en dehors de leurs erremens, à l'encontre de leurs vœux même, des têtes trop ardentes.

Tout s'apaisait, tout s'asseyait sur le large et vaste terrain des institutions royales; amenés des deux extrémités de l'ordre social, les partis tendaient peu à peu, sinon à se donner la main, au moins à ne plus se rompre en visière.

Les uns étaient avantagés au fond, étaient partagés sur l'heure, quant aux honneurs, aux places, aux titres : certains, sauf qu'ils fussent déloyaux ou mal habiles, de s'y fortifier, de manière à n'en être jamais expulsés.

Les autres, comme on ne peut nier, n'étaient vraiment satisfaits que dans les formes, n'étaient favorisés que des chances de l'avenir ; néanmoins contens, ou seulement calmes, par l'effet de l'amour du repos et de l'attrait des espérances.

L'art ou le temps devait disposer des destinées mutuelles : puissances qui travaillent jour par jour, qui s'avancent de degré en degré, qui modifient au lieu de bouleverser, qui altèrent du tout au tout les choses, en préparant peu à peu les esprits, de telle façon que l'harmonie dure.

Et maintenant... car il faut tout dire. Fermez les yeux, bouchez-vous les oreilles : l'orage n'effraiera plus. La foudre s'évanouira-t-elle aussi ?

Que voyons-nous ? ceux-ci aliénés, exaspérés ; ceux-là affligés, désespérés.

La parole publique n'est chargée que de plaintes, que de blâmes ; dans cette atmosphère embrasée, l'idée fermente, fait explosion, s'emporte jusqu'à l'acte.

Hasard, accident, occasion marquent l'époque, règlent le mode, et tout est consommé.

A peine y aura-t-il résistance : ici, la crise est d'abord prise pour une leçon ; là, l'esprit de vengeance s'en réjouit ; ailleurs, l'indifférence se retire, se sauve.

Et il y aura assistance : car où l'empire de la loi est comme suspendu, où l'homme est appelé à prendre parti de lui-même, quel démon le guidera, si ce n'est plus l'ange de paix et d'amour?

La force centrifuge est imprimée profondément : elle reste latente ; la force d'inertie la comprime. Attendez donc ! voilà qu'une cause d'ébranlement surgit de l'intérieur ou surprend du dehors. Et la force virtuelle, alors mise en liberté, brise le noyau, disperse les élémens, fait le chaos.

Mais, disent-ils, nous avons l'or, le fer.

Pauvres gens ! créez des préfets et des juges, des députés, des pairs même : l'or y suffit.

Mais est-ce donc vous qui digérez au profit de votre être propre, cet or? et plutôt n'ira-t-il pas repaître et nourrir, élever des existences étrangères ?

Si d'autres poussent sur votre enchère, si vous-mêmes donnez quelques signes de faillite, ces bandes salariées passeront du bord ennemi.

Pauvres gens : faites-vous une armée enfin, car jusqu'à cette heure, il est inoui à quel point vous l'avez défaite : le fer y suffit.

Mais comment le maniera ce doigt de ministre, assez violent pour arracher le pompon d'une garde fidèle et dévouée, trop débile pour briser en même-temps ses fusils, pour lui ravir en même-temps ses votes, doigt impudent autant qu'imprudent.

Le fer sera remis en des mains sujettes à le retourner en sens contraire.

Est-ce donc que 1789 et 1791 ne marquent plus? Est-ce que Cadix et Lisbonne, et Naples et Turin n'ont pas d'écho.

Or tôt ou tard, c'est à la force qu'il faudra recourir, après avoir mis au pied du mur, l'opinion.

Apparemment l'occasion tardait trop à venir : et le ministre accourt la mèche allumée; le ministre met le feu aux poudres.

Est-ce iniquité? Est-ce insanité? Ne le demandez pas à la conscience surannée du pouvoir; n'interrogez pas le génie antipode de nos destinées.

C'est une calamité; vous le savez trop.

Et qu'on ne croye pas que le trône en péril ait parlé : loin de là, le trône gardait le silence, recommandait la réserve; le trône, dont les racines pénétraient peu à peu dans les entrailles d'un sol trop mouvant, craignait plutôt que la tempête troublât leur travail.

Mais quel est donc ce ministre, peu chanceux pour le moins, qui ne peut se passer, pour substenter son existence appauvrie, en quatre années, de deux dissolutions d'une chambre fidèle, de deux révolutions subversives de la pairie.

Il lui faut cela : peut-être un tel régime est coûteux, est ruineux. La France va opter, ou d'en faire les frais, ou de mettre le convive à la porte.

A vrai dire, ses motifs n'ont pas encore été bien constatés ; les opinions varient et varieront tant qu'elles seront en quête des motifs, car il n'en existe pas.

La supposition est trop flatteuse. Ignore-t-on encore comment, à la veille du dernier terme marqué aux destinées de l'homme, l'esprit de vertige descend d'en haut et s'empare de l'intelligence, dicte seul les conseils?

Jamais il n'en est apparu une preuve plus signalée.

Ecoutez les écrivains officiels dont l'astuce accoutumée faillit cette fois à dissimuler la mortelle inquiétude.

« Royalistes! la révolution lève la tête; le trône est menaçé ; ses amis se font ses ennemis; des ennemis de tout temps sont prônés par des amis du temps passé.

« Repoussez les uns comme les autres ; unissez-vous à nous ; ne portez que les candidats du ministère. »

Allocution aussi touchante que piquante.

Mais qui donc aida la révolution à soulever sa tête fatiguée de vains rêves, alourdie sous le poids du temps, rendue aux douceurs du repos?

Qui donc provoqua l'alliance prétendue contre nature, entre deux partis sans doute hostiles, que rallient pour l'instant unecommune nécessité, une fatalité irrévocable?

Vous seul, malheureux, lorsqu'après avoir froissé et blessé, d'un bord comme de l'autre, il vous passe par la tête de convoquer ces cœurs aigris, ces cerveaux embrasés, pour voir dire, par un tel tribunal, comme quoi vous avez agi au mieux pour le salut du pays, comme quoi vous agirez de même, tant que ce sera votre bon plaisir.

Etrange prétention, qui révolte plus encore que la dissolution même, car celle-ci semblait appeler les opinions à se prononcer en liberté; qui révolte d'autant plus qu'elle ne craint pas de s'appuyer sur des actes frauduleux, sur des mesures acerbes, sur une série d'illégalités et de déloyautés, comme il ne s'en vit jamais.

Non, ce n'est pas le coup mortel.

En France, de même que le Roi ne meurt pas la royauté ne meurt pas non plus. On la vit, ainsi que le fabuleux oiseau, renaître de ses cendres depuis long-temps glacées; on la verra, de même que l'astre qui domine au firmament, perçant et brisant enfin l'épaisseur des plus sombres brumes, reparaître plus glorieuse, aussi douce que jamais.

Vaine espèce humaine, qu'elle veuille ou non, qu'elle fasse ou non, c'est la force des choses qui mène et ramène.

Et cette royauté de France qui sert de jouet aux uns, qui paraît aux autres comme un fetu; c'est encore le noyau, le pivot de la civilisation humaine, si bien qu'il faudrait à ceux-là même dont les coups auraient renversé ses autels, accourir bientôt la larme à l'œil et le remords dans le cœur, pour les relever, pour y replacer l'objet de notre culte.

Mais c'est le coup le plus terrible, dont les effets seront répercutés d'un point à l'autre, du centre jusqu'aux extrémités et se prolongeront pendant un siècle.

On ne sait donc rien : s'il est permis de parler ainsi, les idées se tassent dans la tête, à l'abri du repos : il y a besoin d'un exercice soutenu pour entrenir la faculté intelligente. Arrêtez, reprimez le mouvement; la paralysie gagne l'esprit.

Ou plutôt cette surabondance, cette superfluité de vie, dont il est doué, alors qu'une porte es scellée, qu'une lice est close, s'épanche sur d'au res voies, oublieuse de ses erremens surannés

Le repos est le spécifique approprié aux crises politiques : des calmans en dose peu à peu augmentée, des antispasmodiques, appaisent jusqu'aux symptômes de la rage :

Tandisqu'au contraire le sujet le mieux organisé, s'il est soumis à l'action des irritans, des épispastiques, sous peu sera jeté dans un état nerveux, puis passera de paroxismes en paroxismes, de jour en jour agravés.

Et c'est justement ce qui s'opère en cet instant fatal.

Voilà les électeurs en mouvement, en contact : ils sont d'une part révoltés par les mesures ministérielles, de l'autre, pressés par des partis hostiles envers le cabinet et dissidens entre eux.

Delà, un certain nombre se retire de la mêlée, se renferme dans l'enceinte de l'indifférence : et la perte est pour le trône, car ils étaient ses amis.

Du reste, c'est l'époque fatale : d'abord il faut se prononcer, chose que la prudence remettait de jour en jour : l'intrigue, l'exemple, le respect humain l'exigent.

Puis dans quel sens va-t-on se prononcer ? parlons en général.

On disait fort à tort quant aux chambres que la démocratie coulait à pleins bords : on dirait avec trop de raison dans les occurrences actuelles, que la marée montante de l'opinion entre à pleins flots dans les canaux du libéralisme.

Il n'y aura point de conquêtes pour le royalisme ; et voyez combien de recrues volontaires, de conscrits enlevés, se rangent sous les drapeaux ennemis.

Ils auront pris rang : l'esprit de corps s'en empare ; un sentiment d'honneur, tout faux qu'il est, les y enchaîne, et la honte, la crainte ferment toutes sorties.

Mais cette armée, à bien dire, n'est qu'une foule, qu'une cohue, où les têtes s'échauffent, s'exaltent progressivement.

Celui-là, si incertain, devient obstiné; cet autre, si nonchalant, devient emporté. Observez le cours des idées, depuis la convocation qui surprend dans les foyers, à passer par les instigations qui excitent de plus en plus, pour aboutir à ces réunions de collège, où tant de causes jettent une perturbation inouïe.

Certes, ils ne s'en doutaient pas : l'égoisme serait rentré sur l'heure; ou l'égoisme se retournant sur lui-même, aurait reculé.

C'est avec étonnement qu'ils verront cette France, au moins tendant au royalisme, telle qu'elle était avant eux, maintenant lancée sur la pente opposée, après qu'elle a été ainsi faite par eux.

Et s'ils triomphent dans la forme, un sentiment d'effroi, si ce n'est de remords, s'élèvera dans leur sein, criant à la plus sourde oreille, que la forme passe, que le fond seul demeure.

Les élections devaient être entendues sous le rapport de respecter également tous les ayans-droit, d'autant qu'ils sont identiques avec les ayans-force.

Devant la loi, il n'y a point d'opinions : avant le scrutin, il n'y a point de partis. Les temps volent trop vite : si ce jour voit repousser une catégorie, le lendemain verra repousser son antagoniste.

La loi a tort si l'on veut ; changez la ou suivez la. Et la loi n'a pas tort; toute opinion vient au même titre aux collèges. La justice l'y appelle ; la prudence l'y accueille.

Car l'opinion nullement ou faussement représentée, fomente en silence, éclate à l'occasion, s'égare en ses vengeances.

C'est la tâche du gouvernement, d'agir tellement que l'opinion malveillante, amortie en masse, affaiblie en ses rangs, ne se rencontre pas en majorité : tâche facile à exécuter en France, tâche prête à s'accomplir, alors qu'on a tout brouillé.

Et s'il omet, s'il échoue, quelque pénible que ce soit, la seule ressource est de plier, de céder de bonne grace, attendu qu'il faudrait bientôt céder de force majeure.

Les élections devaient être considérées sous cet autre rapport, d'en profiter pour rapprocher les partis, pour les rattacher à la couronne.

L'occasion était éminemment propre.

Ayez seulement un ministre qui travaille dans le sens des intérêts généraux, qui se montre en alliance avec la justice, en révérence vis-à-vis la loi, qui appaise les dissentions religieuses, qui restaure les mœurs, qui favorise l'aisance, qui s'entremette impartialement entre les intérêts rivaux, qui ménage jusqu'aux sentimens, jusqu'aux préjugés, même les moins touchans.

Ensuite, qu'il donne du temps, afin qu'on s'accorde à loisir; qu'il n'impose point de candidats, afin qu'on ne se jette pas justement dans le sens opposé; qu'il se tienne à l'écart, car en politique, le quiétisme enfante souvent la quiétude.

Au sein des collèges, diverses causes agissent, ou du moins agiraient alors; les opinions ne dominent pas seules; des liens, des rapports d'autre sorte s'y rencontrent.

N'agitez point ce vase, la lie tombera au fond. Ne troublez point les esprits; l'instinct ou l'intérêt les rallieront.

Dans les élections libres et calmes, certaines personnes plus ou moins libérales, plus ou moins royalistes, donneraient leur voix à des candidats d'opinions différentes.

De là, entre les uns et les autres, il s'opère une communication de voeux, une transmission de pensées, qui tendent à modifier, à concilier les partis.

Et l'adoucissement ainsi porté dans les opinions, le ralliement ainsi effectué au moyen des votes, travaillent peu à peu, aboutissent enfin, à faire de tous ces sujets du Roi, épars et dissidens, des serviteurs du Roi, réunis et dévoués.

Tandis qu'en la manière dont tout se passe, on aura le prologue du drame le plus terrible; le lieu de la scène devant être tôt ou tard transporté sur un tout autre théâtre.

Verrons-nous une chambre ministérielle? Dieu le veuille mille fois, si tant est qu'il doive survenir un nouveau ministère. Il y a peu à dire contre ses membres, à les prendre à part, à les saisir dans le for intérieur : leur défaut, plus funeste que tous les vices de l'enfer, était la faiblesse; leur défaut serait alors une vertu.

Mais que le ciel miséricordieux nous en préserve, si c'était que le ministère pût persister.

Aussitôt c'est l'arbitraire, c'est le despotisme ministériel qui se constitue, se fixe à demeure, autant qu'il le croit.

Le systême social, cet oeuvre sinon parfaitement organisé, du moins passablement adapté à l'état des faits, et profondémeni enraciné dans les esprits, par l'effet même de la récalcitrance aux projets ennemis, se voit sappé, miné au fond.

La surface seule est ménagée, formant comme une sorte de croûte qui couvre l'opération des vers destructeurs, croûte de jour en jour amincie, amoindrie, qu'un coup imprévu, que la plus faible secousse fait fendre et s'écrouler.

Qu'on fouille sous ces ruines? Nos destinées y sont gissantes à jamais.

Tel est le plan conçu dans une imagination déréglée ; ou plutôt tel est le plan soufflé par une irrévocable fatalité.

« Eh Monseigneur, disait certain libelliste, il faut bien que je vive. » Or il faut qu'un ministre même vive ; la conservation, la sécurité de l'existence, pour l'homme, est tout.

Mais comment vivra-t-il, cet être peu différent du vampire, dont les appetits contre nature, se font servir pour mets, sous des formes plus ou moins déguisées, les libertés publiques, la prérogative royale, l'honneur personnel et national; cet être, en ce point, semblable à la harpie, qui en y touchant seulement du bout de l'aile, a tout flétri, tout souillé, tout corrompu.

Pour qu'il vive, il faut que tout meure : dans le

désert, son sceptre n'aura point d'ennemi ; sur les décombres, ses autels n'auront point de rivaux.

Aussi voyez comment toutes les institutions sont faussées et forcées, tournées et débordées.

Et ce n'est rien : on a dit que sans les mœurs, les lois devenaient vaines; on peut dire mieux encore, qu'avec les mœurs, les lois renaissent à la vie, reprennent de la vigueur.

Or les mœurs sont attaquées jusque dans le sanctuaire de la conscience, sont amenées jusqu'au terme de dissolution.

Il y avait de l'honneur, patrimoine conservé à travers tant de périls, en dépit de tant de pertes, parmi des classes distinguées de vieille date, conquête ravie au milieu de tant d'horreurs, de tant de bassesses par des rangs élevés au sein des camps.

Qu'en est-il maintenant ? ces deux mondes sont au pair. Dans la fange, dans la boue, courbés sous le même niveau, se montrent au regard qui ne craint pas d'y fouiller, et les anciennes et les nouvelles existences.

Il y avait quelque espoir de retour, quelque mouvement de tendance devers la religion; providence spécialement instituée pour la terre, qui oppose un frein aux puissans du jour, qui applique un baume aux victimes de l'infortune, qui avance un bouclier impénétrable, au devant de ceux-là même dont les lèvres la renient.

Grand Dieu! jetons un voile épais: c'est déjà trop que le temps rapide, impétueux, doive le déchirer et découvrir les plus désolantes vérités.

Il y avait surtout, on ne sait quoi: car en fait d'amour, de respect et de foi, l'homme est enlevé, est emporté, par cette puissance native, dont la magie est d'autant plus irrésistible, par cela même que son principe est occulte et son action insensible.

Il y avait surtout, on ne sait quoi, qui se saisissant du sentiment, s'emparant de la pensée, se jouant même des souvenirs, faisait que les peuples appartenaient à leur roi.

Il faut se taire encore.

Hélas! qu'il n'arrive jamais un 20 mars? en 1815, c'était toute une nation en deuil ou sous les armes; en 1824, c'était tout de même.

En 1827......, la plume hésite. Peut-être la fraction dissidente, tellement minime qu'il était licite de la négliger en ces temps, apparaîtrait-elle aussi : mais dans un sens diamétralement opposé.

Et la foi publique, l'honneur national, que sont-ils devenus?

Qui dira la perfidie de cette reconnaissance de l'Amérique espagnole, en dépit de l'alliance la plus intime, et l'ineptie de cette reconnaissance de St.-Domingue, au prix d'une redevance quintuple de ses ressources?

Deux actes convenables en principes, inconséquens quant au mode et à l'époque.

Qui dira la pusillanimité ou la versatilité à l'égard de l'Espagne, pays qu'il fallait mettre en tutelle, qu'il fallait sauver de lui-même.

Qui dira la vanité de garçon de bureau, sous le rapport d'Alger, où les impertinences d'un consul vis à vis le Dey, entraînent à des frais oiseux, à des pertes sèches, à des plaintes amères.

Qui dira! (ici, les termes manquent) l'imprévoyance, l'imprudence, et mille fois pis encore, sous le rapport de l'Égypte, à laquelle des talens et des conseils sont prêtés, à laquelle des vaisseaux, des munitions sont fournis : et pour quelle fin, à la veille de quel jour?

Navarin répondra : Tant d'hommes tués et blessés, tant d'avaries au corps des navires, et tant de ravages, de massacres dans la Grèce, tant de retards et d'obstacles au retour de la paix! en est-ce assez à tomber sur la conscience, à retomber sur la tête de l'homme.

Arrêtons-nous.

Une voix française ne répètera pas les sons de cet écho vraiment européen, qui retentit en risée, en dédain, en mépris, à l'occasion du licenciement de la grande ville, de la censure des écrits dogmatiques, de la dissolution reprise à deux fois, surtout du monstrueux, de l'illégitime enfantement de ces pairs au rabais.

Pauvre gouvernement! s'écrie le *Morning Post.*

Il faut finir, il faut terminer ou du moins conclure : car en fait de blâmes et de craintes, un tel sujet est interminable ; et quant à la fin, il n'est permis aux destinées même, que d'opter entre la chute du ministère, ou la ruine du royaume.

Ici, c'est la France: là, qu'y a-t-il donc? qu'est-ce que la sequelle ministérielle.

« Amis d'attachement et de reconnaissance, amis de routine et de convenance, amis d'ambition et de cupidité, amis de lassitude et d'épouvante, amis d'entêtement et d'ineptie, qui perdent l'état, qui se perdent eux-mêmes. (*Un français aussi au ministère.*)

Et comment tiennent-ils au cabinet? par un fil, par un cheveu.

Le ministère est usé, s'écriaient-ils avant le licenciement, avant la dissolution : car les coups d'Etat, quand îls n'émanent pas d'un homme d'Etat, sont des coups de désespoir ; on tente d'éblouir, d'étourdir, d'abasourdir; on réussit pour l'instant, puis on recommence de plus belle.

Qu'y a-t-il donc? Rien, sans doute, au moins dans l'esprit, dans le cœur des peuples, puisque sans honte, sans crainte de commettre le plus grand crime de lèse-majesté, les scribes du ministère ne cessent de jeter en avant la volonté du Roi, talisman inviolable, qui seul leur semble capable de couvrir tant d'intrigues.

En vain une telle indignité a déja été relevée. Le blasphêmatoire refrain ne manque jamais de couronner les amplifications sophistiques.

« Electeurs royalistes ! pourriez-vous hésiter un seul instant..... Ne sont-ce pas les hommes de votre choix qui ont aidé le Roi..... Eh bien, ces hommes ont mérité sa confiance parce qu'ils avaient la vôtre : vos députés sont devenus ses candidats. » (*Moniteur*, 12 *novembre*.)

Electeurs royalistes, dirons-nous dans un langage plus digne, vos députés ne sont point devenus les candidats du Roi : car comment le Roi les aurait-il dépouillés de la toge de députés, afin de les revêtir de la robe de candidats.

En tout cas, si ces hommes, comme le dit le *Moniteur*, ont mérité la confiance du Roi, parce qu'ils avaient la vôtre; aussitôt qu'ils n'auront plus votre confiance, ils ne mériteront plus celle du Roi.

Le Roi, puisque le nom sacré est maintenant à courir de page en page, par l'acte même de dissolution, requiert que vous lui fassiez connaître quels hommes ont et quels hommes n'ont pas votre confiance.

Votre liberté est pleine et entière : ou plutôt votre conscience est engagée, soit en ce qu'il serait criminel de mentir à votre magnanime souverain, soit en ce qu'il serait périlleux de jeter en certaines mains, les rênes de l'Etat.

Il y a incompatibilité entre le pays et le cabinet : nul moyen terme n'existe. Vous avez le droit, vous avez le devoir de choisir entre l'un ou l'autre, d'élire des députés pour le pays ou pour le cabinet.

C'est le Roi qui, dans les formes de la loi, vous y invite.

Seulement un instinct de respect, un sentiment de vénération envers la couronne, auxquels nul de vous, quoi qu'il pense ou qu'il dise, ne peut se soustraire, oblige d'apposer quelques exceptions à la règle générale.

Il y a des noms, au moins de désastreuse et de douloureuse mémoire, dont les votes doivent s'écarter avec un soin religieux.

Que dire à cet égard ? les personnes qui ont le malheur de les porter, une fois admises dans l'enceinte des chambres, oseraient-elles franchir le seuil de ce palais, dont les portes cependant leur seraient ouvertes ?

Là, est le signe fatal. Il faut demander s'il réside encore dans les ames quelques vestiges de pudeur, quelque ombre de politesse.

Vous parlez liberté; est-ce celle des peuplades barbares, ou celle des nations civilisées ? en Angleterre, elle est hautaine, assez peut être, quant au fond et n'est que plus revérentieuse dans les formes.

Tout pour le Roi, rien pour le ministre.

A part, ces égards, plus de ménagemens. Le ministre vous inflige des candidats, car ils sont bien à lui, tant qu'il est ministre, toutefois.

Pourquoi les envoie-t-il à votre barre ? pourquoi les renveriez-vous à ses pieds.

Quelques adversaires lui pesaient trop ; il s'est livré aux plus vaines espérances. C'est une trahison envers l'état que de l'exposer à une telle crise, pour de telles fins : vous plaît-il de l'en récompenser ? vous convient-il d'y participer ?

Les menaces imminentes du temps l'épouvantaient ; il a tenté de conjurer les plus certains présages. Voulez-vous entrer dans la conspiration ? allez-vous détourner les coups, ajourner la défaite ?

Eh ! soyez donc en paix.

Au moins est-il quelque action de graces à rendre au ministère, car après qu'il a tellement travaillé, sans le vouloir, à libéraliser la masse nationale, il s'est efforcé, non sans le vouloir, par l'art frauduleux des éliminations, à royaliser à sa manière, la fraction électorale.

Soyez en paix : c'est chose impossible, absurde même, qu'il arrive une majorité libérale (*Quotidienne,* 14 novembre):

Ainsi, point de scrupule, point de doute.

Ce député libéral peut-être, que vous laissez passer, ou que vous aidez à porter, à défaut d'un vrai royaliste qui n'aurait pas de chance, vient comme adversaire du ministère, et non comme ennemi de la monarchie.

Impuissant à faire mal, il est habile à faire bien : isolé, son parti est nul ; réuni à vos rangs, il leur transmet la toute-puissance.

Et, le cabinet s'écroule, le trône se rasseoit.

Royalistes ! un exemple récent vous fait la leçon mille fois mieux que la plus triste plume.

P. S. Cet écrit, rédigé et imprimé précipitamment, a des droits, sous tous les rapports, à l'indulgence.

Il aurait même des titres à la confiance, en ce qu'il retrace des considérations déja exposées à l'époque des dernières élections, et pour lors mal comprises, au grand malheur de la France. (*Les scrupules d'un Électeur,* fé vrier 124.)

APPENDIX.

Le document ci-joint vient justement à l'appui d'*une autre Chambre* et d'*un autre ministre*.

C'est un projet d'adresse publié à l'ouverture de la Chambre de 1824; dont la questure jugea à propos d'empêcher la distribution aux députés, sans doute parce que le sentiment qui le dictait, les pensées qu'il exprimait et les formes qui y étaient observées, lui semblèrent opposées à toutes les convenances;

Tellement que le chef de l'opposition royaliste crut de son devoir d'élever à ce sujet, sa voix puissante dans un comité secret.

Près de quatre années écoulées depuis cette époque ont assez montré comment ce qui était bien, a été mal fait, ou n'a point été fait; comment ce qui était mal, a été fait et fait au mieux.

Vienne donc une autre Chambre, un autre ministre! et à jamais, *vive le Roi!*

PROJET D'ADRESSE.

SIRE,

Les fidèles sujets de Votre Majesté, députés des départemens de son royaume, se présentent toujours aux pieds du trône, pénétrés d'un nouveau sentiment de respect et d'amour, et empressés d'élever leurs actions de graces devers *la divine Providence qui répand tant de bienfaits sur ses peuples, sur son armée et sur son auguste famille.*

Depuis la dernière session, leur attention a été constamment fixée par cette mémorable entreprise, dont la conception appartient au cœur magnanime de Votre Majesté, et dont l'accomplissement fut confié par Elle, à ce Prince sage avec énergie, et calme par vaillance, qui marche soumis aux ordres de son Roi, qui combat émule des héros de sa race, qui triomphe modeste et simple en ses hautes destinées.

Cependant leur joie serait plus vive et plus profonde encore, s'ils se voyaient appelés à féliciter leur Souverain, sur l'établissement et l'affermissement de la paix intérieure dans une illustre contrée trop long-temps tourmentée en des sens contraires; de cette paix qui était le but de la guerre, qui devait être le prix de la victoire, et qui seule peut garantir le bonheur de l'Espagne, le repos de l'Europe, l'honneur de la France.

Sire, les députés des départemens auraient entendu avec une extrême satisfaction, de l'auguste bouche de Votre Majesté, que la religion reprenait son autorité tutélaire, que l'éducation travaillait à former une génération de sujets fidèles à Dieu et au Roi, et que les mœurs, en se régénérant, promettaient d'atteindre à la double fin de limiter et de fortifier l'action répressive des lois.

Ils auraient appris, non sans l'émotion de la reconnaissance, qu'avant aucune proposition de nature politique ou financière, il devait leur être présenté, en outre de plusieurs projets réclamés par l'intérêt public, la première des lois, puisque c'est la loi de justice; la loi invoquée depuis dix ans par la patiente prière, qui doit alléger des infortunes longuement supportées, et compenser, quelque peu, des sacrifices jusqu'alors inouis; la loi à laquelle il est réservé d'imprimer à la légitimité, le sceau le plus précieux, de cimenter la paix entre les partis irrités, de porter enfin au noble et tendre cœur du père de la patrie, la seule douceur, la seule gloire qui puissent le flatter désormais.

Sire, instruits par le sentiment, plus encore que par l'expérience, *à n'attendre la véritable liberté que des institutions fondées par la Charte*, et convaincus que *le repos et la fixité sont, après de longues secousses, le premier besoin de la France*, les fidèles sujets de Votre Majesté accueilleront avec respect la présentation d'un projet de loi relatif au renouvellement de la Chambre, ne pouvant douter que le conseil des ministres est déterminé par des motifs de la plus grande force, de la plus haute évidence, à proposer ainsi l'abrogation d'un article fondamental du pacte social, d'un des articles les plus essentiels de la partie consacrée aux formes du gouvernement du Roi ; ne pouvant douter qu'il sera démontré dans l'exposition des motifs, qu'il sera prouvé en point de fait, que l'exécution de cet article a constamment troublé le calme renaissant du royaume et entravé le cours naturel de la prospérité publique, en telle sorte qu'il devient urgent, nécessaire, inévitable, non pas de le modifier seulement, mais de le remplacer par une disposition toute contraire, afin de consolider l'œuvre de notre bien-aimé Souverain.

Sire, les fidèles sujets de Votre Majesté aiment à se persuader que si nul impôt, nul emprunt ne doit avoir lieu pendant les exercices actuels, cet immense avantage ne sera pas acheté et acquis au prix d'une nouvelle émission de bons du trésor, laquelle, dans les règles d'une bonne législation, et d'après l'exemple d'un pays voisin, aurait besoin d'être autorisé par une loi spéciale.

C'est avec la même confiance et dans une certitude parfaite, qu'ils osent se promettre qu'à l'égard *des mesures prises pour rembourser les rentes dues par l'Etat, ou pour en obtenir la conversion en des titres moins onéreux*, il leur sera fait des communications développées qui établissent d'une manière incontestable, en premier lieu, que cette opération est conforme aux rigides lois de l'équité, la faculté du remboursement ayant été expressément réservée dans les contrats primitifs, ou étant implicitement reconnue par l'effet d'un usage immémorial ; en second lieu, qu'en tout état de choses et même dans l'advenance d'une crise imprévue, il est impossible que le crédit public et les fortunes privées en souffrent la moindre atteinte ; en troisième lieu, qu'il ne peut exister aucune combinaison plus simple, plus sûre et plus prompte, pour alléger le trésor d'une part égale de ses charges, sans que le rentier soit dépouillé d'un cinquième de son revenu accoutumé, sans que l'émigré soit renvoyé à un terme indéfini, avant d'obtenir quelque modique secours.

Sire, les fidèles sujets de Votre Majesté, députés des départemens de son royaume, n'ont maintenant à remplir qu'un devoir bien doux, à satisfaire qu'un sentiment impérieux, en lui transmettant leurs humbles félicitations *sur la courte durée de la guerre, sur l'état prospère du revenu public et les progrès du crédit, sur la certitude de conserver la paix de l'Europe, et l'espérance de voir régler les affaires d'Orient et d'Amérique ;* sur tous ces biens et tant d'autres encore, qui sont d'autant plus précieux à la France, qu'elle en fut privée pendant le long deuil de ses Rois, et n'en reprend la jouissance que sous les auspices de l'auguste et paternelle dynastie, avec qui elle est en alliance depuis près de mille ans ; de la dynastie privilégiée dont le ciel prépara de loin le miraculeux retour, *et dont il seconde visiblement les généreux efforts.*

www.ingramcontent.com/pod-product-compliance
Ingram Content Group UK Ltd.
Pitfield, Milton Keynes, MK11 3LW, UK
UKHW020458230726
13925UKWH00005B/2008

9 782013 588751